O método EDP

John Danen

Published by John Danen, 2024.

O MÉTODO EDP

First edition. February 9, 2024.

Copyright © 2024 John Danen.

ISBN: 979-8224749775

Written by John Danen.

Sumário

O método EDP 1

Introdução. 3

A situação pode piorar muito. 6

Os pobres querem que você seja pobre. 7

Os tolos querem que você seja um tolo. 9

Se não gosta de sua vida, torne-a melhor! 10

Você tem o poder de mudar as coisas. 11

Você não é capaz de mudar nada? Então, faça com que nada o afete. 12

O erro de pensar: "Se você não gosta de mim, você é um idiota". 14

Se você gosta de mim, você é inteligente. 16

A sociedade da superficialidade. 17

Eles gostam de mim desde que eu pense como eles. 18

Dar a essa garota a oportunidade de sua vida. 20

Os mocinhos. 21

As obras. 22

Fugir da mulher. 24

A cueca. 25

Você não pode agradar a todos, agrade a si mesmo. 26

Transição para novos métodos. 27

Masoquismo feminino. 30

O método EDP. 32

Por que as meninas querem a estrela? 33

Por que eles gostam de uma estrela distante? 34

Por que você é perigoso? 36

O método EDP. 38

Como percebi isso? 39

O próprio método EDP. 42

Seja gentil. 48

Fechamento com o método EDP. 49

O método EDP Dark. 50

Como os métodos EDP e EDP Dark são aplicados? 54

Osadia 59

O método de luz JD. 60

O método clássico de JD 61

O método JD misto 62

O método JD dark. 63

Novos métodos. 66

Erros na implementação de métodos EDP, EDP dark, JD dark e JD misto. 67

Exemplos práticos. 69

Conjunto interno para uso com métodos EDP. 72

Interações. 73

Fim. 74

Vamos jogar! 77

O método EDP

Dedico este livro a meu tio Mochi (dep), a Nandai (o novo francês), a Naren, a Daniel, a Maru, a Natalia, a todas as pessoas que conheci na Argentina, a todos os argentinos e a essa grande cidade que é Buenos Aires.

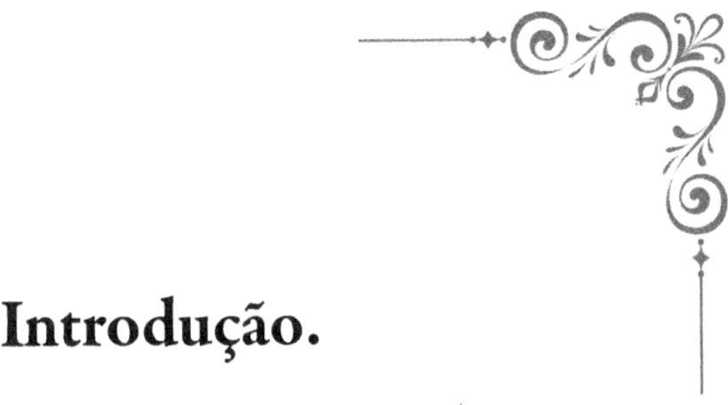

Introdução.

Antes de explicar os benefícios desse novo método e suas variantes, vou enfatizar um pouco a humildade, pois, se não for assim, podemos ir muito longe. Por isso, vou apresentar aqui algumas ideias e conceitos que acho que você também precisa ter em mente para ser um pouco humilde e não aplicar o método com base na jactância e na arrogância. Tudo isso você também precisa saber para ser uma boa pessoa e não um arrogante presunçoso, portanto, leia todos esses capítulos antes do método e o método funcionará melhor.

A única realidade de tudo isso é que você criou seu mundo com seus pensamentos. Ao modificar esses pensamentos, você pode modificar sua realidade.

O propósito, nosso propósito, é amar a nós mesmos e criar um mundo satisfatório para nós mesmos, para isso precisamos praticar a arte do pensamento correto. Não devemos nos enganar, devemos ver a realidade e a dureza das coisas. Assim, estaremos preparados para o que quer que surja em nosso caminho. Não há mal maior do que não ter consciência de si mesmo e de sua situação no mundo.

Normalmente, seremos uma coisa pequena, uma entre centenas de milhões de pessoas, e levaremos uma vida normal e comum. Ninguém saberá que existimos, ninguém saberá que estamos mortos, poucos se lembrarão de nós e quase ninguém nos valorizará.

Houve pessoas que conquistaram impérios, realizaram feitos impressionantes ou grandes descobertas, ou lideraram nações poderosas, mas nem mesmo elas são lembradas. Você precisa saber agora mesmo que também não será lembrado a menos que faça algo tremendamente grandioso. Nossa glória é efêmera, passageira e insignificante na maior parte do tempo. Isso não significa que se quisermos fazer algo importante não poderemos fazê-lo, é claro que podemos, podemos fazer qualquer coisa, mas isso é o normal, a insignificância, o nada, somos na realidade grãos de areia em uma praia de quilômetros de extensão.

Agora, em nossa vida insignificante e efêmera, temos de ser o mais felizes possível. Acho que fazemos o bem ao nos valorizarmos, porque se não nos valorizarmos, ninguém nos fará bem, nos tratará muito mal. Portanto, antes de valorizar qualquer outra pessoa, você deve se valorizar, mesmo que seja insignificante. Portanto, antes de valorizar qualquer outra pessoa, você deve valorizar a si mesmo, mesmo que seja insignificante. Estamos todos aqui por uma causa e, se estamos aqui, vamos contribuir para este mundo tentando moldá-lo de acordo com nossos interesses o máximo que pudermos. Às vezes, da insignificância, você chega ao topo.

Quem vamos agradar, satisfazer e mimar mais do que nós mesmos? Somos nossas fãs, nossas seguidoras de nós mesmas, nos amamos, gostamos de nós mesmas e até nos empolgamos ao ver no espelho como somos bonitas.

Tudo o mais é supérfluo e, embora eu ache que é muito bom ser carismático e charmoso, e que isso nos ajuda muito a nos relacionarmos com os outros, antes de tudo isso, o que é realmente importante é amar a si mesmo. Amar também aqueles que merecem, sabendo que, muitas vezes, esse amor não será recíproco e você acabará sendo traído, mesmo assim, não nos importaremos. Todo o resto está abaixo do importante, que é você ser feliz.

Se você gosta de algo, faça-o, se quer algo, obtenha-o. Você nunca deve se resignar.

Seremos adoradores de nós mesmos, pouco nos importando com qualquer coisa fora de nossos interesses, porque nada é tão importante para nós quanto nós mesmos e alguns poucos que merecem nosso afeto.

Tudo o que acontece no mundo são coisas de que ouvimos falar, lamentamos, sofremos e queremos que seja melhor, mas que, na verdade, exceto por coisas muito próximas a nós, são coisas que não nos afetam muito. É melhor não assistir a essas notícias deprimentes, para que não fiquemos sobrecarregados o dia inteiro pensando em todos os infortúnios que acontecem. Se decidimos fazer algo para resolver isso, vamos em frente, mas se vamos viver nossa vidinha em nosso lugarzinho e achamos que não podemos fazer nada para resolver todos os problemas do mundo, vamos nos concentrar em nossas pequenas coisas, deixando isso para pessoas com mais poder do que nós.

Este não é um livro para você ser um completo canalha, é simplesmente para você se amar mais do que todos os outros, para perceber que na vida você só tem você, e que nem seus pais, nem sua namorada, nem seus amigos vão ajudá-lo. Você só tem a si mesmo, só pode contar consigo mesmo, tem de agradar a si mesmo. É um pouco como a continuação de "A arte de agradar a si mesmo", mas com novos e poderosos métodos de sedução. Assim, ao seduzir, você também agrada a si mesmo,

É um livro que senti ser necessário e, embora tudo o que eu diga aqui seja um pouco narcisista, no fundo o que eu quero é que as pessoas sejam felizes e se comportem bem com os outros, exceto por uma causa muito boa.

Se nos fizermos respeitar, nos valorizarmos e dermos a nós mesmos a importância que merecemos, acredito até que as outras pessoas nos tratarão melhor do que se fôssemos gentis com todos, mas não nos respeitássemos.

A situação pode piorar muito.

Imagine que você está em uma prisão na Tailândia, condenado à prisão perpétua, por exemplo, onde todos os dias compartilha uma cela com outros 40 homens. Você é roubado, cuspido, espancado e estuprado por uma fera das artes marciais que pesa 140 quilos. Ninguém o verá, você passa fome e frio, está com uma doença muito grave e nem sai mais para o pátio, porque sua perna está quebrada e você não consegue andar. Em uma das brigas, você ficou cego com um soco e tem apenas três meses de vida devido à sua saúde debilitada.

Você está assim agora, não está? Então você está bem. Você tem que ser feliz porque não estamos em uma situação como essa, estamos em uma vida mais ou menos normal, temos amigos, saímos e podemos até ter uma esposa ou namorada, e podemos até ter alguns namoros por aí, então não temos que nos sentir muito mal, temos que nos sentir ótimos, porque não estamos em uma das piores situações em que se pode estar. Portanto, desde que não esteja em uma situação como essa, você deve estar sempre muito feliz e grato por viver a vida que está vivendo agora.

Os pobres querem que você seja pobre.

Um dia eu estava indo trabalhar, fazer minhas coisas, escrever meus livros, fazer meus vídeos, me promover, enfim, tentar abrir um caminho para mim como escritor. Esse era apenas mais um dia na rotina em que eu havia me metido, trabalhando muito por muitos anos seguidos, sacrificando até mesmo o que eu mais gosto para poder prosperar, escolhendo entre diversão e trabalho, trabalho. E um trabalho consciente também, não apenas trabalhando loucamente, mas sabendo o que precisa ser feito e o fazendo. Eu estava me esforçando para atingir minhas metas.

Bem, naquele dia eu estava voltando para o trabalho e, no caminho, encontrei dois homens que eu conhecia, eles não eram homens ruins, nem super bons, eram apenas homens comuns, com aspirações bastante baixas. Eles não eram homens ruins nem nada, mas eu tinha que trabalhar e disse a eles: "Estou indo, tenho que trabalhar", então fiquei surpreso com a resposta deles.

- Não vá trabalhar, cara, não trabalhe, você não vê que não vai ficar rico?

Ao ouvir isso, todos os alarmes dispararam e eu pensei - que diabos você sabe o que eu vou fazer -, então eu os ignorei, me despedi, saí e fui trabalhar.

Esse é um exemplo do que acontece na sociedade: as pessoas querem que você seja como elas. Se elas estiverem na miséria e na mediocridade e virem que você quer sair dessa situação e ser alguém, elas vão querer impedi-lo de fazer isso porque não se sentem inferiores. Elas querem que você seja mais um, para colocá-lo em seu saco de, não vou dizer perdedores, mas pelo menos, pessoas da multidão sem ambição.

Portanto, não dê ouvidos às pessoas que não conseguiram nada, dê ouvidos àquelas que conseguiram, dê ouvidos ao seu eu interior que lhe diz para prosperar. Quem são eles para lhe dizer o que fazer?

Você precisa ser totalmente surdo aos conselhos de pessoas sem ambição. Defina suas metas e ouça a si mesmo.

Os tolos querem que você
seja um tolo.

Da mesma forma que as anteriores, os tolos querem que você seja burro, as pessoas não querem que você se destaque, não querem que você seja melhor do que elas. É por isso que todos tentarão afundar você, levá-lo ao nível medíocre deles. É por isso que chegou a hora de você se rebelar contra essa sociedade invejosa que ataca aqueles que se destacam, de você ter coragem de se colocar como o melhor, o grande sedutor, e andar por aí bem separado dessas pessoas que não vão conseguir nada. Está na hora de você ser o mestre da sedução.

Se não gosta de sua vida, torne-a melhor!

Se neste momento você se encontra preso e frustrado e acha que está retrocedendo, que sua vida não é como você gostaria que fosse, é fácil: pare de reclamar e entre em ação para melhorá-la. Faça o que for preciso, rompa com amigos, rompa com namoradas, rompa com empregos, rompa com tudo. Você precisa ter coragem de desistir do que tem agora, arriscar e fazer o que realmente quer fazer.

Sem sacrifício não há vitória. Sem assumir riscos, não há vitória. Se você ficar preso, se estiver confortável e não quiser fazer muito esforço, continuará a viver uma vida sem recompensa. Portanto, como já disse muitas vezes, faça um plano, defina suas metas, esforce-se por elas, dê a elas a disciplina e a determinação necessárias. Pelo menos, coloque-se no caminho para atingir suas metas.

Que melhor maneira de melhorar sua vida do que aprender e implementar os novos métodos de sedução que vou lhe apresentar neste livro, para se tornar um Mestre da Sedução, um homem que realmente melhora sua vida.

Ninguém lutará por você.

Você tem o poder de mudar as coisas.

No final, tudo depende de você, você é o único que pode mudar sua vida. Os outros não se importam com o que você faz, nem vão apoiá-lo, nem vão entendê-lo. Você é a única pessoa que sabe perfeitamente como você é e a única que pode tomar suas decisões, as boas decisões que o satisfazem.

Portanto, não quero que você seja afetado pelo que as pessoas dizem. Faça o que acha que precisa ser feito, você tem o poder de mudar as coisas, de passar de fraco a forte, de tímido a sedutor, de pobre a rico, de desajeitado a habilidoso.

Somente aqueles que acreditam em si mesmos têm o poder de mudar as coisas. Confie em si mesmo e comece a trabalhar para mudar o que precisa ser mudado.

É a sua vida e ninguém sabe o que você quer melhor do que você.

A porra do poder guia você.

Você não é capaz de mudar nada? Então, faça com que nada o afete.

Se você não é capaz de mudar as coisas, então não reclame, você não teve coragem de lutar pelo que queria ser, então você tem essa vida da qual não gosta, mas que é a que tem direito por causa de seus atos lamentáveis. Se você não é capaz de mudar nada, pelo menos aceite o que acontece com você e seja feliz vivendo uma vida medíocre, porque essa é a vida que você terá, a que você criou para si mesmo.

Rejeite-a e obtenha uma melhor, ou aceite-a e não deixe que ela afete o que acontece com você. Ser feliz é possível. É sua responsabilidade mudar as coisas; se você não as mudar, é isso que terá. Sei que isso é difícil de ouvir, mas é preciso bater na consciência para que as pessoas melhorem.

Um exemplo disso poderia ser.

Fui demitido de meu emprego, não me importo, vou conseguir um melhor.

Minha namorada me deixou, não me importo, vou arrumar uma melhor, ou não vou arrumar nenhuma e vou ficar bem.

Meu relacionamento com minha família é ruim, mas isso não me afeta, não sofro mais por ninguém ou por nada.

Se você for totalmente frio e desapegado de tudo, então poderá ficar feliz com qualquer coisa e não precisará alcançar grandes triunfos para ficar bem, mas isso é muito difícil!

Para ser feliz, acho que é muito melhor pelo menos tentar realmente conseguir o que você quer. Seja feliz independentemente do que você fizer.

O erro de pensar: "Se você não gosta de mim, você é um idiota".

Nem todo mundo pode gostar de nós. Nem todas as garotas gostam de nós, nem todos os amigos em potencial gostam de nós, nem todos os empregos que conseguimos.

Se pensarmos assim, "se você não gosta de mim, você é um imbecil por não gostar de mim", então sempre ficaremos chateados pensando que não recebemos o que merecemos e que somos pessoas de merda.

Mas se pensarmos "mesmo que você não goste dele, seu idiota, eu gostei de mim", então estaremos bem porque sabemos que o idiota que não nos valorizou é apenas isso, um idiota, e suas opiniões não têm validade. Ele não tem motivo e nós não damos a mínima para a opinião dele. Nós gostamos de nós mesmos.

Ele realmente é um imbecil e os imbecis não devem ser levados a sério, eles não têm discernimento e não devemos nos incomodar com o que eles dizem.

Muitas vezes, as pessoas que têm poder e que são ouvidas e aceitas pelo que dizem, não fazem nada além de dizer coisas erradas que nos desvalorizam.

Mas também temos que pensar que nem sempre é assim, às vezes eles estão certos! e não somos realmente bons para o trabalho, ou não temos o que é necessário para algo. Então, nesses casos, concordamos com eles e nada acontece. Começamos a melhorar essas deficiências e agradecemos a eles por tê-las descoberto. Outras vezes, estamos certos e eles são apenas idiotas.

Não podemos abusar da ideia de que eles são imbecis, porque se sempre pensarmos assim, o mundo será formado por pessoas imbecis que estão no comando e que sempre nos impedem de fazer o que queremos. Sejamos razoáveis, às vezes eles não estão errados, precisamos ser humildes e reconhecer nossas falhas. É muito fácil chamar todo mundo de idiota e ser o único inteligente. Use a lógica: se todos dizem que você não é bom o suficiente, então você não é bom o suficiente **naquele momento**, nada acontece, você aceita e continua lutando. Com força de vontade, tudo fica melhor.

Proteger-se em um mundo hostil, onde todos têm rancor de você, é para covardes sem autocrítica que vivem alienados em seu mundo irreal. Muitos dos que pensam assim são realmente loucos.

Seja inteligente. Não se engane.

De qualquer forma, vamos parar de nos preocupar com o que os outros pensam de nós. Vamos começar a nos aprimorar e a nos amar apesar de nossas deficiências.

Não podemos agradar a todos, nem todos são seduzidos, senão seria uma coisa fácil, de cair o queixo, que não teria emoção nem mérito, o fato de haver dificuldades, rejeições e fracassos torna as vitórias mais valiosas.

Se você gosta de mim, você é inteligente.

Em nosso egocentrismo, tendemos a pensar que todos que gostam de nós ou que gostam de nós são inteligentes, mas isso não precisa ser assim. Há pessoas que gostam de nós que são absolutamente idiotas, que não têm personalidade e que simplesmente gostam de nós, mas isso não significa que sejam pessoas inteligentes.

Criamos nosso próprio mundo e nos cercamos de bajuladores, e isso não significa que esses bajuladores estejam certos ou que sejam mais inteligentes, mas que ouvimos o que queremos ouvir.

Em geral, se você for uma pessoa magnífica e inteligente, as pessoas que gostam de você tenderão a gostar de você e tenderão a ser inteligentes, porque gosto atrai gosto. Mas se não formos realmente apresentáveis, serão outras pessoas como nós que se sentirão atraídas por nós e elas não serão nada inteligentes. Nesta vida, queremos acreditar que somos muito legais. Na realidade, somos surdos às críticas e muito atentos aos elogios.

Reconheça quando você está certo e quando é um homem arrogante que está errado.

Se reconhecermos nossos erros e formos justos, olharemos para nós mesmos de fora e veremos como somos difíceis de suportar e o mal que fazemos, então estaremos fazendo o bem ao mundo e a nós mesmos. Amar a nós mesmos é também reconhecer nossos erros.

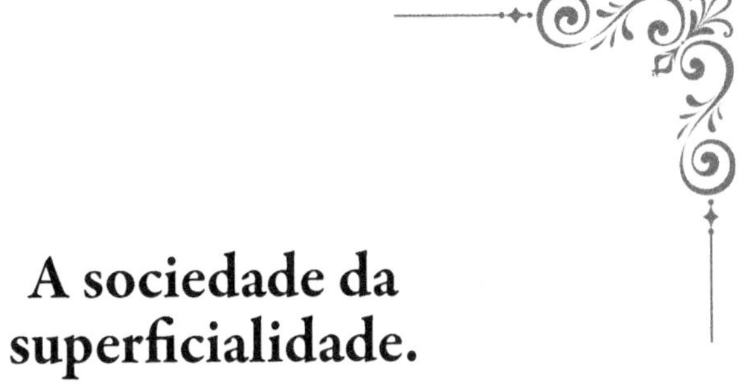

A sociedade da superficialidade.

Nesta sociedade em que vivemos, parece que tudo é medido em termos de sucesso econômico, riqueza, posses, bens, carros, apartamentos, motocicletas, casas, mulheres incríveis que conquistamos, hotéis que frequentamos ou refeições que fazemos.

Eles acham que a felicidade é medida por essas coisas superficiais que o colocam neste ou naquele grupo social, mas o que é realmente importante é que você ame a si mesmo e àqueles que merecem ser amados por você. Se estiver satisfeito com sua vida, mesmo sem tantos luxos, você será mais feliz.

Você pode ser uma pessoa com pouquíssimos bens materiais e viver muito feliz, mas também pode ser um multimilionário totalmente infeliz. A felicidade não está no material e no superficial, mas em sua mente, em sua atitude em relação às coisas.

Estamos na sociedade do superficial, mas também somos tocados por isso e usamos tudo isso a nosso favor.

Mesmo que sejamos um pouco superficiais, tudo bem, nós nos perdoamos e aproveitamos.

Superficialidade ou sim.

Eles gostam de mim desde
que eu pense como eles.

É isso mesmo, se você for com um grupo de amigos, tudo estará bem desde que você pense da mesma forma que eles, mas assim que você discordar de algo, der uma opinião que não esteja de acordo com os demais, eles começarão a ficar ressentidos, a repreendê-lo e a deixá-lo de lado, porque não gostarão de ir com você.

As pessoas se agrupam com pessoas que pensam como nós, não gostamos de ouvir outras versões, não é legal. Se você não pensar como eles, eles não terão nenhuma piedade em deixá-lo totalmente sozinho, você será deixado sozinho e eles sairão para festejar. Ninguém vai ligar para você porque você os irritou.

Muitas pessoas, por medo disso, dão uma falsa opinião de si mesmas sobre tudo. Elas procuram agradar aos outros e não sofrer rejeição. São covardes que não têm personalidade, pois não gostam de conviver com pessoas que pensam diferente delas, pessoas que dizem coisas estúpidas. Eles têm dificuldade em lidar com elas por suportarem tais coisas. Portanto, como as opiniões são como as cores, existem muitas, e você não pode ficar mudando de opinião para agradar aos outros, tenha coragem uma vez na vida e dê sua opinião verdadeira. Você perderá os amigos que não gostam de você e atrairá outros que gostarão. Seja autêntico.

No final, mesmo com os amigos mais afins, haverá desentendimentos, e eles não serão mais tão legais, e nós nos afastaremos gradualmente, até o rompimento final. É preciso entender que ninguém vai pensar exatamente como você e que, se ambos cederem um pouco aos limites que são aceitáveis para ambos, poderão ser amigos. Mas se rompermos com todos os que não pensam exatamente como nós, no final ficaremos sozinhos, porque ninguém pensa da mesma forma em todas as coisas como qualquer outra pessoa.

Portanto, você precisa ter um pouco de flexibilidade e engolir uma pequena porcentagem das besteiras deles, desde que não se sinta desconfortável com isso, ou ficará sozinho pelo resto da vida. É claro que, se não gostar deles, mande-os todos para o inferno, mas também é preciso levar em conta que você é quem vai para o inferno, porque será difícil fazer amigos novamente, e sempre será assim. Você está indo para a merda porque está sozinho, mas isso não significa que seja ruim, pode ser excelente para se encontrar e colocar sua vida em ordem.

Portanto, acredito que eles devam suportá-los, desde que estejam dentro dos parâmetros de ajuste aceitáveis.

A vida é assim, faça o que fizer, goste muito ou pouco, no final você acabará sozinho, porque acredito que as vidas são como estradas que se separam e que partem de um ponto inicial. Aqueles que aos dez anos de idade eram muito próximos, aos 20 terão se separado, aos 40 estarão muito distantes e aos 60 serão mundos à parte. Tudo muda, seus amigos mudam e você também muda em relação a si mesmo. Você aos 40 anos não é o mesmo que era aos 20.

O fato de as pessoas pensarem de forma diferente torna tudo o que conquistamos mais meritório.

Dar a essa garota a
oportunidade de sua vida.

Achamos que toda garota que pegamos é uma garota de sorte e que temos a chance de uma vida inteira de ficar com um cara legal. Na verdade, é isso que eu penso, mas também reconheço que sou um pouco narcisista, portanto, a verdadeira realidade é que, se a garota não ficar com você, há 50.000 outras pessoas com quem ela pode ficar, e, e isso é o mais importante, uma vez que ela **tenha escolhido um cara, ela tende a manter a escolha,** porque todo mundo acha difícil reconhecer que cometeu um erro. Portanto, mesmo que não o escolha, a garota ficará feliz com o cara de merda que escolher, porque foi esse que ela escolheu e não admitirá que estava errada. Ela vai perseverar e vai se fazer acreditar que ele é o melhor. Portanto, mesmo que realmente pensemos que somos os melhores e que, em nossa cabeça, sejamos, na realidade, ela não se importará se for com você ou com qualquer outro, porque, na cabeça dela, isso é garantido. É tão grosseiro quanto isso.

Se você a seduzir ou não, ninguém se importa, muito menos você mesmo. Nenhuma manifestação de nosso maldito poder tem poder sobre nós. Temos a porra do poder, a porra do poder, o que se manifesta nós celebramos e o que se perde nós também celebramos. O maldito poder nos dá o que precisamos.

Os mocinhos.

Esse é o problema de nós, bad boys, que dominamos e temos as mulheres à nossa mercê, que abusamos demais de nossa posição. Mas isso não dura para sempre, aos poucos as garotas se cansam do fato de que nunca desistimos e ficam um pouco mais controláveis. Nós as fazemos sofrer demais e, às vezes, depois de muitos anos, algum idiota consegue alguma coisa e leva uma mulher que é uma santa e uma boa menina, mas que praticamente foi nosso brinquedinho. Fizemos com ela o que queríamos, ele se apaixonou por ela como um imbecil e nós só nos divertimos com ela. No final, esses pobres homens perseveram e conseguem uma mulher que não é mais divertida para nós, porque ela não é um desafio nem algo novo. Ela não conseguiu nos endireitar ao longo dos anos, ela estava lá à nossa mercê, tentou ser nossa namorada e não passou de uma amiga de foda pouco valorizada. Deixe-os desfrutar do que não valorizamos, do que sempre rejeitamos. Comida que o dono não quer, uma iguaria para o porco.

No fundo, estamos felizes pela pobre garota que finalmente encontrou um tolo que a valorizou, por isso somos generosos. Que ele a coma com seu próprio pão. Celebramos sua perda.

As obras.

Isso é muito ruim. Geralmente, no trabalho, temos que dividir o espaço com outras pessoas que não escolhemos e que não são do nosso agrado. Essas pessoas, mais conhecidas como ralé, são as que temos de aturar todos os dias e isso é muito ruim.

Faz mais de quinze anos que me livrei de trabalhar para a ralé, para imbecis, para pessoas que o tratam mal, que se acham superiores a você. Pessoas que são uma merda de gente e você tem que aguentar toda a impertinência delas porque é isso que o alimenta. Isso é uma merda e uma escravidão da qual você precisa sair o mais rápido possível. Você melhorará sua economia trabalhando em outras coisas mais lucrativas e melhorará sua autoestima não aturando esses filhos da puta.

Se você quiser ter sucesso na vida, deve evitar a todo custo trabalhar para qualquer pessoa. Às vezes, há pessoas que são boas e ficamos felizes, mas um cara individualista e arrogante nunca vai gostar disso. Ele acha que você está em uma posição de inferioridade, que se seu chefe o demitir, você vai para a rua e fica na miséria. Partindo dessa posição de inferioridade, nunca poderá haver um relacionamento satisfatório, é um abuso, um inferno. É por isso que você precisa gostar de si mesmo e enfrentar qualquer pessoa de quem não goste. Gostar de si mesmo e não tolerar nenhum abuso. Para sair dessa situação, tenha confiança em si mesmo e em suas habilidades e faça um plano para trabalhar por si mesmo.

Deixe-os ir e mande outra pessoa.

Às vezes, acontece que os chefes são boas pessoas, nos damos bem com eles e eles nos tratam bem. Mas é difícil gostar de todos no escritório. Sempre haverá o típico vagabundo que está disposto a fazer qualquer coisa para agradar o chefe, a típica mulher que não se empoderou nem um pouco e que vive ali, negligenciando a família e totalmente submissa ao chefe. O pobre homem que, como este, vive para trabalhar e não se respeita nem um pouco. Esse homem fará horas e horas extras sem nunca receber nada, e dificilmente receberá alguma coisa. Todos serão demitidos sem piedade quando for conveniente, e só prevalecerá aquele que se fizer respeitar, aquele que exigir seus direitos, aquele que não ousar abusar dele, pois sabem que ele reagirá com toda a força da lei.

Seguindo essa linha de pensamento, e sendo congruente comigo mesmo, levei um dos chefes com quem tive de lidar à justiça, por causa de um não pagamento que ele me fez. Algumas pessoas não têm a liderança para trabalhar por conta própria e preferem essa submissão, com a qual não concordo de forma alguma, mas não somos todos iguais. Acho que o salário que você recebe é o preço por abrir mão de seus sonhos, de sua vida ideal, de ser seu próprio chefe, de fazer o que quiser, como quiser e quando quiser, de realmente ter sucesso, de ser livre. O salário é o preço que lhe pagam para comprar sua liberdade.

Embora eu entenda que há pessoas que querem esse conforto, eu certamente não compartilho dessa ideia de trabalhar para os outros e aqui eu dou minha opinião, depois você faz o que quiser.

Tenha parceiros que entendam você e façam negócios juntos. Pessoas que conhecem e ajudam você.

Fugir da mulher.

Onde eu moro, há um homem muito bonito que é casado com uma mulher muito, muito feia e com uma personalidade muito desagradável. Eu sempre me perguntava: o que diabos esse homem via nessa mulher? Depois de muita análise, não consegui chegar a nenhuma conclusão clara que não fosse puro masoquismo. Ele está com uma mulher muito abaixo de seu nível e, ainda por cima, muito desagradável.

Percebi que o hobby desse homem era correr, e ele não corria apenas um pouco, ele corria várias horas por dia, então entendi tudo. Antes de estar em casa com aquela mulher horrível, ele prefere estar correndo e, embora sofra muito, é menos sofrido estar correndo do que estar aturando aquela mulher.

Algumas pessoas se casam e fogem de suas esposas. De qualquer forma, isso é válido para este livro, esse homem criou sua vida assim, com uma mulher horrível. As coisas acontecem! Às vezes, há coisas que me escapam e que eu não entendo, não importa quantos anos eu tenha e quanta sabedoria eu tenha adquirido. O que você pode tirar de tudo isso é que correr é melhor do que estar com essa mulher.

Por que ele se casou com essa mulher é um mistério que vai além das mentes mais afiadas da humanidade. Um comitê de especialistas da NASA foi reunido com vários gurus indianos de crescimento pessoal e eles voltaram sem respostas, totalmente desanimados.

Continue correndo Forest, vá encontrar Buba.

A cueca.

Já reparou que, enquanto eles não têm namorada, seus amigos vão a todos os lugares com você e são até um pouco chatos, que você nunca sai do lado deles e que, quando eles arrumam uma namorada, desaparecem como se tivessem ido para a Mongólia e você não os vê por quinze anos, mesmo que eles morem a duas ruas de distância de você?

É isso, meus amigos, é ser um homem dominador. Quando um homem normal se casa, ele desaparece completamente para todos os seus amigos e se entrega de corpo e alma à sua esposa. Acho muito triste e lamentável que essas coisas sejam feitas. Que, por medo dela, para agradá-la demais, bons amigos sejam deixados para trás. Acho isso ultrajante. Então, para esses amigos que desaparecem por causa da namorada e que reaparecem assim que a perdem, diga a eles: você não tinha uma namorada? Então diga a ela: você não me liga há anos. Não estamos aqui para aturá-los quando eles não têm nada para fazer. Você tem de cuidar de seus amigos e, se não cuidar deles, então saia! Vá se foder! Chega de ser bonzinho e aturar a ralé.

Você não pode agradar a todos, agrade a si mesmo.

Scooter cantou uma excelente música na virada do século - "você não pode agradar a ninguém, então agrade a si mesmo". Se você sair por aí agradando uma pessoa, agradando outra, mudando de opinião para agradar as pessoas, você será um fracote e ninguém vai querer ir com você ou confiar em você, porque um dia você dirá uma coisa e outro dia o contrário, dependendo de com quem você falar. Você será um fedorento, um cara que não se sabe de onde sairá, em quem não se pode confiar.

Entretanto, se você for uma pessoa que gosta de si mesma e fala o que pensa, terá detratores e saberá quem são as pessoas que não pensam como você, mas também terá seguidores. Essas serão as pessoas boas com quem você gostará de estar. Você será autêntico e apreciado por isso. Há muitos fracos que não têm personalidade nem caráter. Pessoas que tentam agradar a todos e tudo o que fazem é desagradar absolutamente todo mundo e não são apreciadas por todos.

Tenha uma personalidade, tenha seu ponto de vista e o defenda, não seja um agradador. Uma das piores coisas na vida é ser uma pessoa covarde que sai por aí agradando os idiotas.

Transição para novos métodos.

Bem, espero que com essas explicações iniciais você tenha se tornado um pouco mais humilde, gentil e condescendente e também respeituoso consigo mesmo. Agora chegou a hora de nos superarmos, de fazermos algo nunca feito antes, de contradizermos todas as regras da sedução e de sermos grandes.

Agora explicarei os novos métodos que desenvolvi como resultado de meu trabalho de campo.

Tudo o que estou lhe dizendo eu desenvolvi e coloquei em prática com sucesso, por mais malucas que sejam as ações, elas funcionam! No entanto, gostaria de avisar que esses novos métodos exigem muito mais autoconfiança, pois não são tão agradáveis para as garotas, são métodos obscuros, muitas vezes desafiadores e difíceis de colocar em prática. Se você não tiver muita autoconfiança, eles não funcionarão, porque muitas vezes o que estou contando é desagradar as garotas, e sei que muitas farão isso mal e serão rapidamente expulsas da interação.

Não é o método que está errado, é a implementação que está errada. Se isso for feito com a força, com a autoconfiança, com o charme e o carisma do verdadeiro astro, aquele que se **acha realmente grande** e poderoso, funciona. Não basta aplicar o método e pronto, é preciso fazer isso com carisma e charme. Com essas armas, quase tudo funciona, mesmo que você esteja enfrentando-os duramente. **Confie em mim,** eu consegui, fiz maravilhas, conquistas incríveis com esses métodos porque tenho o autoconceito de estrela em minha cabeça. Você também pode fazer isso, é tudo uma questão de mentalização. Faça tudo certo, se fizer errado, você terá resultados terríveis.

Use o método jd e, quando o tiver dominado, passe para o jd mixed, depois para o jd dark, depois para o jd light e, quando estiver confortável com esse método, passe para o EDP e, finalmente, para o EDP dark.

O método JD pode ser feito por praticamente qualquer pessoa, funciona e é um método fácil.

Para o método escuro do JD, você precisa ser muito mais autoconfiante, menos influenciado pelos encantos deles, ser corajoso e ousar confrontar. Esses resultados sombrios serão, quando esse método for bem executado, muito mais poderosos do que o JD normal.

Quando estivermos familiarizados com o método de escurecimento JD e ele estiver nos dando resultados, mudaremos para o método EDP e praticaremos e praticaremos com ele até nos sentirmos confortáveis e ele nos der bons resultados e, finalmente, mudaremos para o método de escurecimento EDP.

Antes, você tinha apenas um método e, ao longo de 23 livros, desenvolvi apenas um; aqui neste livro, desenvolvo quatro novos métodos.

Esta vida acontece e, se você não tiver coragem de se comportar da maneira que gostaria, de ser alguém magnífico, de ser a estrela, de ser alguém especial, de se orgulhar de si mesmo e de seus triunfos, quem diabos vai fazer isso? É a porra da sua vida, é sua responsabilidade.

A hora é agora, esta é a sua vida, se você não fizer o que realmente quer fazer, será um fracasso a vida toda. Esse método da EDP permite que você seja a estrela, que brilhe, que chegue muito alto, aproveite isso.

Por mais louco que possa parecer, faço tudo isso por eles e por você, porque eles gostam disso, porque não gostam que sejamos muito bonzinhos, porque gostam do cara que diz não e que é um desafio para eles.

Com tudo isso, o que eu quero é que as mulheres se divirtam e se divirtam, eu sou um defensor delas e, embora com os métodos elas sejam picadas um pouco, isso é superficialmente, nunca as ofendemos seriamente, mas brincamos com elas, picando-as um pouco, no fundo somos seus grandes defensores, nós as amamos, as queremos e as respeitamos. É por isso que damos a elas o que dizem que não querem, mas precisam, o que realmente querem, o bad boy charmoso que as deixa furiosas e as enlouquece de amor. The Master Seduction.

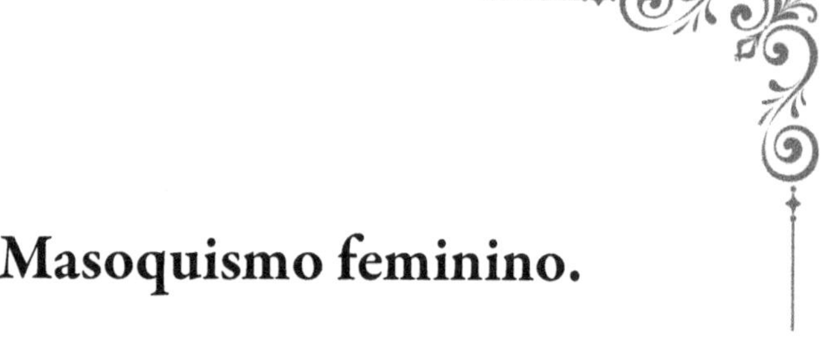

Masoquismo feminino.

Foi justamente uma mulher chamada Helene Deutsch que escreveu vários trabalhos científicos nos quais argumentava que as mulheres eram masoquistas, ou seja, que gostavam de sofrer. Isso não foi feito por um homem, nem por um machista, nem nada do gênero, foi uma mulher, discípula de Freud, que escreveu em 1930 "O significado do masoquismo na vida mental feminina", ela também escreveu "Psicologia das mulheres" em 1945. Ela saberá por que disse isso, mas certamente não foi qualquer pessoa que disse isso, mas uma psicóloga muito conceituada. É claro que esses trabalhos não são mostrados às pessoas hoje em dia porque não são politicamente corretos, mas eles estão lá, quer elas gostem ou não.

Com base nesses trabalhos científicos e, acima de tudo, na experiência que prova que eles estão certos, eu construo meus métodos. Eu realmente acredito nessa verdade, sim, acho que eles são masoquistas, não totalmente, mas um pouco masoquistas sim. Para obter a resposta sobre o porquê desse masoquismo, você terá que ler os trabalhos dessa mulher. Ela saberá.

Portanto, se os cientistas disserem isso por algum motivo, usaremos essa fraqueza a nosso favor.

Seremos um pouco maus, mas, no fundo, bons, usaremos essas armas, mas nunca as desprezaremos de verdade, nem as trataremos mal, é tudo um jogo para atraí-las para nós. Nós, os sedutores, somos os grandes defensores das mulheres e os que mais se preocupam com elas e suas necessidades. Nós nos sacrificamos por elas e, se tivermos de ser maus, então seremos maus, porque assim elas gostam mais de nós, tudo é sempre para elas.

Os cientistas já se manifestaram, não tenho mais nada a acrescentar.

O método EDP.

Esse método é uma evolução do método JD para aqueles que alcançaram a excelência. É um método que nem todo mundo pode usar porque exige um alto nível de qualidades sedutoras. Você faz coisas que não parecem racionalmente boas para seduzir. Mas quando você domina bem esse método, as ações que você desenvolve funcionam.

O método JD é um método fácil e simples, aplicável a qualquer interação e que produzirá resultados muito rapidamente. Esse é o método que você deve usar com mais frequência. É um método com o qual as garotas gostarão de você e você será apreciado.

Esse outro método, o EDP, é para as pessoas mais corajosas, pessoas que não se importam em confrontar, até desagradar um pouco a garota, pessoas que querem arriscar e ter mais impacto. Pessoas que sabem que é um método mais lento que o método jd, embora essa lentidão nem sempre aconteça, apenas em algumas ocasiões, há outras em que o impacto é imediato. Também um impacto muito maior do que com o método JD.

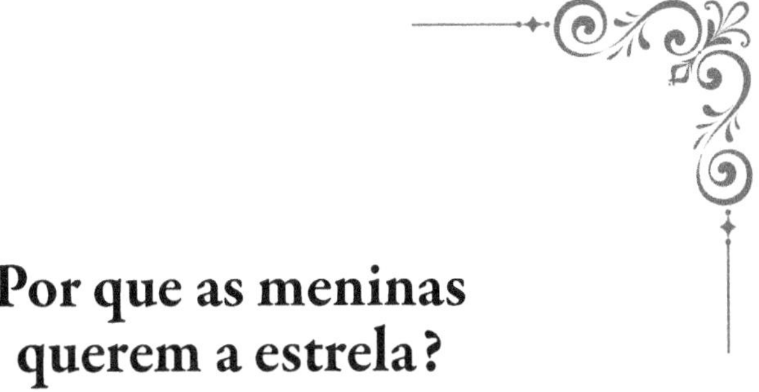

Por que as meninas
querem a estrela?

Ser alguém importante, ou pelo menos alguém com uma posição, conhecimento ou vida diferente dos demais, faz com que você seja apreciado como melhor.

Não vamos nos enganar, as meninas querem a estrela, o ator de Hollywood, a celebridade da TV, o cantor, que é pré-selecionado acima de todos os outros e é visto como melhor do que o resto.

É por isso que incluí esse parâmetro nesse método, porque se você for percebido como o melhor, ou pelo menos como alguém que é muito bom em alguma coisa, você será mais valorizado e até admirado, e podemos usar isso a nosso favor para seduzir.

Por que eles gostam de uma estrela distante?

As pessoas, não apenas as meninas, procuram alguém inatingível, alguém acima de suas capacidades e de sua zona de conforto, portanto, essa estrela tem que estar distante, tem que ser algo bem grande e mais alto do que as outras pessoas com quem ela normalmente interage.

Não quero dizer com essa palavra distante que você é frio, mas que está muito além do alcance deles, uma estrela distante, muito acima do nível deles.

Conseguir isso não é nada fácil. É por isso que você precisa buscar os recursos que o tornam único e especial, para ser a estrela de alguma coisa, uma estrela tão alta que também seja distante. Esse estrelato você terá de ser capaz de demonstrar, terá de dar a ele a prova de que você realmente é essa estrela distante, ou ele não acreditará em você.

Procure aquilo em que você é o melhor, o que o diferencia dos demais e, se tiver isso, use essa vantagem a seu favor e seja a estrela distante. Depois de encontrar isso, venda-se bem e fale sobre as vantagens de seu estrelato.

Se você não tem nada que o diferencie dos demais, algo que possa fazer com que você seja visto como a estrela, então vou lhe dizer uma coisa: você pode adquirir algo que o diferencie e o posicione acima dos demais em um assunto realmente poderoso como a sedução.

Você pode ser um Mestre da Sedução se fizer o curso em vídeo Mestre da Sedução. Então você terá o seu estrelato, algo que o diferencia dos demais, será um sedutor com um diploma oficial que o qualifica como um Master Seduction.

Isso o qualifica como uma estrela distante e perigosa e você deve comunicar isso a ela com certa humildade, sem se gabar. Ela deve saber que você é uma estrela da sedução, mesmo que ainda não tenha muito sucesso, mas logo o terá ao aplicar os ensinamentos do curso. Você tem o conhecimento.

Você também é um astro bastante alto, distante e até perigoso. Você poderá dizer a ela que fez o melhor curso de sedução do mundo e que ele foi validado pelo próprio John Danen. Essas habilidades especiais que o tornam superior aos demais quando se trata de sedução, você as comunicará sutilmente a ela, até finalmente revelar toda a verdade.

Por que você é perigoso?

Você é perigoso porque suas habilidades são como as de um artista marcial, mas não na luta, e sim no amor. Você foi validado e recebeu um diploma como alguém muito poderoso no campo do amor. Portanto, essas suas habilidades podem ser perigosas para ela, porque ela pode facilmente se apaixonar por você. Como o diploma atesta que, além de sedutor, você também é forte e charmoso, ela corre o risco de se apaixonar e pode sofrer. Você será gentil e não permitirá que ela sofra, mas ela corre um risco.

Portanto, você é um astro, mas também é distante porque é um astro de alto nível e também é perigoso para elas. Você as alerta sobre suas capacidades e não tem interesse em flertar com elas porque não quer abusar de suas capacidades, porque elas podem se machucar se você não medir sua enorme atratividade. Essa periculosidade e distanciamento, até mesmo, em alguns casos, a proibição que você faz para que elas fiquem com você, é o que as atrai para você.

As garotas ficam excitadas com o proibido e, mesmo que saibam que você é um mulherengo e provavelmente um bad boy, elas vão querer ficar com você. Elas gostam do proibido, do perigoso, do excitante, não gostam do normal, do normal, do normal.

Quando encontram um Master Seduction, encontram alguém muito capaz no amor e altamente sedutor, o que será um desafio para eles. Você também combinará o seu estrelato em algum outro campo que possa demonstrar que o tornará ainda mais desafiador, o alvo a ser alcançado.

Você não terá interesse em flertar com ela, será o desafio, o homem difícil de conquistar, o homem que não quer sair com ela porque está interessado em outras coisas, alguém que sabe que é muito poderoso e que não é muito conveniente para ela porque ela pode se apaixonar por você.

Esse status de estrela distante e perigosa cria uma aura de desafio que os motiva a conquistar você.

Aqui brincamos com o conceito de hibristofilia. Esse conceito diz que algumas mulheres são atraídas por personagens perigosos. Não somos criminosos ou caras realmente perigosos, mas podemos ser um pouco perigosos devido ao nosso conhecimento e enorme atratividade. Elas podem ter um pouco de medo de se apaixonar por nós porque não somos o mocinho. Esse conceito é ligeiramente explorado nesse método e, em geral, em todos os métodos obscuros.

O método EDP.

Esse método é uma evolução arrogante e desafiadora do método JD. Usando esse método, a interação será agradável, exceto em raros momentos.

Não nos preocupamos em flertar com ela e, subliminarmente, nos colocamos acima dela. Esse método, como eu já disse, é um método mais arriscado, mais arrogante e desafiador, e você deve usá-lo se quiser correr mais riscos, se quiser ter um impacto forte e fazer as coisas devagar e bem. Os efeitos são mais poderosos do que com o JD.

Acho que sua taxa de sucesso é menor, mas sua taxa de acerto é maior, ou seja, você terá menos sucessos do que com o JD, mas aqueles que forem afetados por essas novas ações cairão irremediavelmente.

O nome desse método vem dessas iniciais:

E de estrela

D de distante

P de perigoso.

Eu lhe direi por que inventei esse método e como percebi que ele funciona e, em seguida, contarei em detalhes cada uma das ações que compõem esse método.

Usaremos ligeiramente a hibristofilia e também o masoquismo feminino a nosso favor. Essas duas questões são comprovadamente científicas.

Como percebi isso?

Sempre soube que as mulheres gostam do mais valioso, do inatingível, elas se apaixonam por seus ídolos do rock, por presidentes de governos, por pessoas famosas e ilustres, por pessoas que aparecem na televisão, por pessoas que são especialistas em alguma coisa. Em suma, pessoas que elas admiram profundamente.

Esse poder de atração que eles sentem em relação a essas pessoas, que são consideradas especialistas ou estrelas, é fundamental para sua pré-seleção.

Devemos ser alguém muito grande, alguém que eles admiram e, longe de esconder isso, mostrar essas capacidades, esse poder, esse algo que os surpreende e admira.

Não é preciso dizer que um ator de Hollywood é altamente considerado por eles e não precisa usar nenhum método, pois ele já é famoso e reconhecido por todos. Nós não temos esse cachê, mas com esse método chegaremos um pouco mais perto dos privilégios que essas pessoas têm.

Também percebi que as mulheres são atraídas pelo proibido e também pelo perigoso, portanto, se combinarmos o fato de ser especialista em algo, de ser alguém importante em um assunto, com o proibido e o perigoso, estaremos gerando muita atração simplesmente com essas duas características.

Hannibal Lecter disse que desejamos o que vemos, mas eu acrescento que também desejamos o proibido, o perigoso, o inatingível, o nível superior. Portanto, usaremos essa preferência psicológica para nos beneficiarmos dela.

Há muitos anos, o francês, o matador e eu estávamos com algumas garotas e, como nos sentíamos tão poderosos e seguros de nós mesmos, em vez de tentar pegá-las, o que fizemos foi rir, contando-lhes coisas malucas e respondendo às suas perguntas de forma totalmente descarada.

Um deles me perguntou.

John, existem controles para ir à sua aldeia (referindo-se aos controles de bafômetro feitos pela polícia para verificar se você bebeu álcool), respondi a ele

-Sim, não se preocupe, há controles, Durex, Prime, eu tenho tudo.

Ela ficou um pouco chocada com essa resposta descarada e então perguntou ao francês.

-E o que você faz para viver?

O francês respondeu com toda a seriedade de seu sotaque parisiense.

-Estamos no negócio de **fazer amor.**

A mulher ficou espantada e olhou para o mateiro para ver o que ele estava dizendo, e o mateiro acrescentou

-Sim, para fazer amor, o mais estranho é que ainda não estamos fazendo.

Toda essa ostentação e arrogância não apenas não as assustou muito, mas acho que na verdade as seduziu. Nós nos encontramos com elas em outro dia e eu peguei uma delas, que era uma das mais bonitas do meu currículo, e com muita facilidade também. Apesar de fazer todas essas loucuras, elas foram receptivas, e foi então que percebi que ser uma estrela funciona, especialmente se você acrescentar um toque de humor.

Também percebi que uma profissão ou atividade que é considerada como uma pessoa muito experiente no amor lhe dá uma posição de estrela, de alguém que é perigoso por causa de seu enorme conhecimento.

Enquanto eu estava na Argentina filmando o curso Master Seduction, quando interagia com as meninas e elas me perguntavam o que eu fazia para ganhar a vida, eu lhes dizia

-Eu sou um treinador de sedução", o que as deixava alucinadas e interessadas em mim.

Muitas delas flertavam sem pudor, então percebi que isso funcionava, e funcionava mesmo. Percebi que esse status de astro da sedução, de treinador, de alguém que é visto como poderoso por causa de suas habilidades, especialmente no amor, dava muito poder sobre as garotas e as atraía.

É por isso que você também será uma estrela, um Master Seduction certificado, e você os atrairá ao tornar esse status conhecido.

Você também pode dizer que se dedica ao amor, a seduzir garotas, a flertar. Diga isso a elas sem nenhum medo e sem nenhuma consideração, e isso também as impressionará porque você é sincero, corajoso e desafiador.

O próprio método EDP.

E sse método, é claro, é uma variação do método JD, uma variação muito mais maligna. Você só pode usá-lo se tiver dominado o método JD com perfeição, pois ele exige mais coragem, mais ousadia, mais descaramento e muito mais confiança.

Isso é absolutamente igual ao método jd, com a única diferença de que você se vê nesse novo papel superior e sua visualização será muito mais poderosa do que no método jd. Mais adiante, detalharei um exemplo de visualização correta.

Implantação no método EDP:

Divertido.

É claro que começaremos com a ação mais importante para esse método e para todos, a diversão. Não há variação aqui, você será uma pessoa superdivertida e alegre, que se diverte muito e que transmite um mundo feliz onde é bem-vinda, aceita e valorizada.

Mesmo sabendo do seu enorme poder, você é gentil e a traz para o seu mundo, porque até mesmo uma estrela como você é gentil, por que você não deveria ser gentil? Você é feliz em seu mundo de sucesso e a traz para ele, faz com que ela ria e se divirta muito. Essas ações para fazê-la rir devem ser praticadas em seu próprio estilo, use sua inteligência e criatividade para dizer coisas que reforcem a atmosfera festiva, alegre e divertida na qual você está imerso. É isso, você deve sempre praticá-lo nos níveis mais altos e criar seu próprio estilo. Quanto mais você dominar o humor, mais será capaz de suportar sua arrogância mais tarde.

Desinibido.

Seremos desinibidos da mesma forma que no método JD, mas desta vez ainda mais. Desta vez, essa desinibição será um pouco mais forte. Essa desinibição será muito forte e falaremos sobre qualquer assunto, por mais controverso que seja. Quanto mais nossa conversa for contrária às ideias dela, melhor, mais seremos independentes, indiferentes e despreocupados em flertar com ela. Isso a deixa desconfortável e é ruim, mas é assim que deve ser. Vamos causar impacto, ser maldosos, não agradar quase nada em determinados momentos.

Despreocupado.

Continuaremos com a despreocupação de flertar com ela, exatamente como no método JD, não nos preocuparemos em estar com essa garota, pois ela não é objeto de nosso interesse amoroso ou sexual. Simplesmente estaremos com ela emanando nossa atratividade, sendo espirituosos e participando de uma interação que, na maioria das vezes, é agradável para ambos, mas sem nenhuma intenção de seduzir. Nunca a desprezaremos, mas, se pudermos atacar, estaremos lá brincando com ela como um leão brinca com um ratinho.

Confortável.

A próxima ação é criar o conforto de que ela tanto precisa para poder estar com você. Esse conforto tem de ser magnífico e de um nível muito mais alto do que o que é feito no método JD, pois ela também está muito mais desconfortável.

Nós a surpreendemos, ela foi rejeitada e não gostou muito de nós, mas agora seremos ótimos companheiros de festa, faremos com que ela ria, nos importaremos com ela, seremos atenciosos, simpáticos, realmente adoráveis e faremos com que ela se sinta muito bem sendo realmente simpáticos com ela.

Chegaremos ao ponto de relativizar e minimizar a declaração de ser uma estrela, se não tivermos seguido essa ordem e já tivermos feito isso. Para fazer isso, deixaremos a porta aberta para o amor, concordando com seus argumentos se percebermos que ela está muito desconfortável ou irritada. Ela sabe que não é o objeto de nosso interesse, mas se sente confortável conosco.

Esse método é de grandes mestres que realmente não se importam com o fracasso ou o sucesso, mestres de sedução que realmente estão brincando com as meninas e que são capazes de presumir que algumas delas não gostam de nós e nos desprezam.

Ela se sente muito confortável, somos muito atenciosos e até a elogiamos em algumas ocasiões.

Nós não usamos Complicity, ou usamos muito pouco. Ela não aparece como letra oficial.

Não usamos o Descaro e, se o usamos, é para nos referirmos a outros, mas muito pouco ou nada.

Estrela.

Mas, não satisfeitos com isso, faremos ações ainda mais corajosas. Pouco a pouco, revelaremos nossa verdadeira identidade, o que faremos se ela nos perguntar algo assim

-O que você quer, ou o que está procurando, ou que tipo de relacionamento deseja, ou é formal, ou está procurando um caso?

Nós lhe diremos.

Sou um Master Seduction, uma pessoa que se dedica a seduzir mulheres, sou alguém por quem é difícil se apaixonar, porque, embora eu possa ser encantador, me dedico a isso, a seduzir, pertenço à comunidade de sedutores da Master Seduction e sou realmente diferente dos demais.

Sou uma boa pessoa, mas acho que não me adapto às moças que procuram um rapaz formal. Não estou procurando um relacionamento sério, porque não é isso que normalmente procuro, embora às vezes eu também tenha relacionamentos sérios, sou um sedutor que seduz até encontrar o amor verdadeiro. Eu me devo à sedução, a essa vida de emoções. Há muito tempo levo essa vida que é muito satisfatória e que me trouxe até você. Não quero seduzi-lo, só quero que saiba que é difícil para mim me apaixonar e talvez eu não seja a pessoa certa para o que você quer, que eu acho que é o amor.

Depois de fazer essa declaração chocante, ela ficará aparentemente horrorizada, ou talvez já tenha se sentido muito convencida e muito sincera e esteja se sentindo terrivelmente atraída por ele sem querer.

Essa declaração teria ainda mais poder se você fosse um treinador de sedução, escritor de livros de sedução, ator pornô ou qualquer outra coisa que a desafiasse, mas mesmo que não seja, ser um Mestre da Sedução soará muito poderoso para ela e lhe dará credibilidade como sedutor.

Após essa declaração, nós a teremos desvalorizado por não a termos como alvo.

Nós a tiramos do centro das atenções. Estamos no negócio da sedução e ela sentirá que tem um status inferior ao seu porque, embora você goste muito de seduzir, não está fazendo nada para agradá-la nem para seduzi-la, portanto, você se posicionou como mais valioso do que ela, tanto por causa da sua experiência quanto por causa da sua afirmação sobre o limite do que é suportável.

Tudo isso será suficiente para criar um inimigo para nós se deixarmos por isso mesmo, mas agora mostraremos todo o nosso charme como sedutores sem vergonha e a atrairemos.

De bom coração.

Por fim, nós a tratamos como uma irmãzinha que protegemos, mimamos e cuidamos. Somos o protetor carinhoso e simpático, somos efusivos, a abraçamos, a valorizamos, a consideramos uma garota maravilhosa, dizemos a ela que é uma gostosa, que é superlinda, mas pela qual não temos nenhum interesse amoroso.

Aqui somos muito diferentes do método JD, com essa ação estamos tratando-a de forma amorosa, paternal e gentil, reconhecemos seus méritos, dizemos o quanto ela é maravilhosa. Aprendi isso com meu tio Mochi, que era amoroso, simpático e apreciava muito as meninas. Ele costumava dizer que elas eram muito bonitas, ótimas e fantásticas e as fazia se sentir muito bem. E, de vez em quando, também as menosprezava um pouco, fazendo piadas engraçadas, como chamá-las de monstrinhas. Ele estava lá em cima, brilhando, sendo atencioso, protetor, carismático, fazendo com que as meninas e todos ao seu redor se sentissem bem, com uma inteligência impressionante e brincadeiras espirituosas.

Ele as agarrava muito, até as beijava no rosto e as mantinha encantadas com um poder impressionante. Você precisa ter esse carisma para fazer com que ela se sinta maravilhosa. Os ensinamentos do tio Mochi não serão em vão, eu pego o bastão dele e lhe digo o que fazer para seduzir.

Nunca vi ninguém com tanto carisma e poder de atração, ele era a festa em si mesmo e fazia com que todos que estavam com ele se sentissem bem. Um grande homem com quem deveríamos aprender esse carisma magnífico.

Somos super carismáticos, charmosos, fantásticos, únicos e especiais, mas infelizmente não somos para essas coisas. Você é um mestre da sedução que não quer que a garota se apaixone por você.

Você também insinua que temos um pouco de medo do amor, que tentamos, sob o pretexto de sermos sedutores, não nos envolver muito, porque no fundo somos fracos e também nos apaixonamos. Portanto, essa nossa suposta fraqueza deve ser vista com nossas ações gentis. Elas devem pensar que, no fundo, tudo o que você faz é uma fachada, porque você tem medo do amor. Isso fará com que eles se aproximem mais de você, pois verão em que você é realmente bom.

De repente, veremos claramente os sinais de sua óbvia atração por nós. Não devemos ter pressa, é ela que virá até nós e, nesse dia, seremos gentis e lhe daremos o que ela secretamente deseja e não ousa pedir, o que ela teme, o que é um desafio, o que é proibido, o bad boy, o rapaz sincero que não esconde o que é, o sedutor carismático que não quer seduzi-la. O mestre da sedução

No final, as letras são:

Diversão **D**

D desinibido

D despreocupado

C confortável

E star

Tipo **B**

D opcional flagrante se, após vários dias, o método realmente falhar.

Como são muitas letras e muita bagunça, centralizei o nome do método na estrela, a Distant and Dangerous Star (Estrela Distante e Perigosa).

Seja gentil.

Depois de tantas estrelas, temos que colocar os pés no chão e mostrar que somos bons. Isso fará com que eles se sintam bem.

Seja gentil, mas como um pai para seus filhos, ou um irmão mais velho para suas irmãs mais novas. Uma bondade amorosa, protetora e amigável. Depois de ter feito todas aquelas coisas ruins e de ter se posicionado tão superior, agora você tem essa atitude paternalista que também o posiciona como desinteressado em flertar com elas, acima do alcance delas. Somos carismáticos, agradáveis, gentis, brincalhões e, acima de tudo, calorosos e protetores. Aqui podemos brincar muito com o contato físico, o abraço e a proteção que são dados sem nenhuma intenção amorosa ou sexual.

Assim que você detectar os sinais de atração, saberá que venceu. Pouco a pouco, você se torna gentil e próximo.

Fechamento com o método EDP.

Quando você perceber que a garota está com você, confortavelmente rindo de você e muito perto de você, então é o momento certo para fechar.

Você deve aproveitar os picos de humor para se aproximar. Quando o clima estiver alto, aproveite a oportunidade para abraçá-la, em qualquer um desses abraços pode cair um beijo.

Com esse método, o que tentamos fazer foi atraí-la, agora ela é atraída e até mesmo tocada por nossa bondade, obviamente percebemos isso e nos fechamos.

Se ela realmente não se sentir atraída o suficiente, então usaremos a carta curinga da bochecha.

Na verdade, não recomendo muito usá-lo. Se você está acima, você está acima, deve ser consistente com sua posição de estrela, continuar com conforto e bondade carismática.

Somente se o método realmente falhou é que podemos usar a ousadia como uma última tentativa de encerramento.

Eu deixaria passar alguns dias e não teria pressa em fechar.

O método EDP Dark.

P ensando e pensando, percebi que pode haver variações nesse método, e até mesmo no método JD, como explicarei mais adiante. A primeira variação é esta, o método EDP Dark.

Nesse método, faremos as mesmas coisas que na versão normal: seremos divertidos, desinibidos, despreocupados, estrelados, confortáveis e, por fim, gentis, mas acrescentaremos mais um ingrediente que fará com que eles não gostem de nós. Isso terá um grande efeito em sua psique e nos dará grande poder sobre elas. Essa nova ação é chamada de confronto.

Confrontador.

Vamos confrontar as coisas que você diz, mesmo que não sejamos realmente assim ou pensemos assim, faremos isso para enfraquecê-los. Devemos fazer isso de uma forma leve e não sermos duros, o que os colocaria totalmente contra você.

Parece muito louco que para seduzir você tenha que confrontar, mas isso é semelhante ao que as pessoas costumam fazer para seduzir, que é mexer um pouco com a pessoa de quem gostam, fazem isso para provocá-la, irritá-la, enfraquecê-la. Essa é a chave: o confronto enfraquece e faz com que você seja percebido como diferente de todos os outros que eles elogiam. Um pouco odiado, mas já sabemos que o amor se transforma em ódio.

Não sou muito fã de fazer isso porque acho que é um pouco arrogante demais e desagradável, mas pode ser feito com moderação e depois atenuado.

Isso mostrará que não estamos querendo agradar, que não nos importamos com o que ela pensa de nós. Estamos preocupados com outras coisas mais importantes do que ela, não nos importamos muito com o que ela pensa ou diz a nosso respeito. Damos nossa opinião, quer ela goste ou não, especialmente se ela não gostar, isso a deixará contra nós e ela ficará um pouco irritada ao ver que somos alguém que às vezes a desagrada.

Temos de fazer isso de forma muito ponderada ou seremos vistos como imbecis. Seremos uma pessoa que não está lá para agradar, mas para falar nossa verdade, quer gostemos dela ou não. Por incrível que pareça, esse confronto a atrairá, porque seremos alguém que não é afetado por ela ou por sua beleza, ousaremos confrontar uma gostosa a quem todos dizem sim para agradá-la.

Seremos confrontadores, estaremos no limite do que é assimilável e não iremos além disso, caso contrário, ela nos mandará embora, ou irá embora, ou não quererá falar conosco.

Confrontaremos, mas não cruzaremos essa linha, finalmente diremos que respeitamos sua opinião, mas não compartilhamos dela, e isso é democracia, pensar de forma diferente.

Com isso, seremos totalmente diferentes dos demais. Vou lhe dar um exemplo. Uma delas disse que era fã de um certo jogador de futebol. Eu não me importei, não me interesso por futebol, mas vi seu ponto fraco e a confrontei com isso.

Fiz isso porque era convencido, porque não tinha vontade de agradá-la, porque tinha vontade de ser mau, de transar com ela e também porque queria experimentar para ver o que aconteceria, então fiz isso. Eu já sabia que esses confrontos causam um impacto psicológico e os deixam vulneráveis, porque eu já tinha feito isso uma vez, quando ela saiu assim por acaso, e daquela vez eu vi a grande fraqueza que isso causou nela depois de ser confrontada.

Então, no caso do jogador de futebol, eu lhe disse que ele era um garoto que ganhava milhões e não fazia nada intelectual, disse-lhe que ele não tinha carisma, que parecia um cara legal, mas que não tinha nada para admirar, que o homem que cuidava de sua loja e ganhava pouco, ou o policial que dirigia o trânsito, era mais admirável.

Esse confronto causou o impacto esperado, ela se sentiu fora de seu quadro de princesa, sentiu que eu não era mais o prêmio, que não estava ali para agradá-la e que eu era um cara diferente, independente e durão. Ela imediatamente começou a fazer uma linguagem corporal que eu rapidamente decifrei como atração por mim.

Crie um confronto, desagrade-a, mostre-se totalmente distante das ideias dela e, por fim, branqueie as suas ao ser mais educado e compreender a posição dela também.

Com tudo isso, estaremos desagradando-a e fazendo-a ver que não estamos ali para agradá-la ou seduzi-la, mas que somos um homem com ideias claras, um cara que não se intimida e não se adapta ao que ela quer ou gosta. Esses ataques as enfraquecem, fazem com que se sintam vulneráveis, e isso, por incrível que pareça, as torna sensíveis, suaves e românticas. Você a confronta, o que ninguém mais faz, e agora ela o trata melhor, justamente por causa desse confronto que você fez.

Também uma vez, há muitos anos, tive um confronto com uma mulher com quem entrei e ela disse ou fez algo que me desagradou muito, então, em vez de levar o assunto para baixo, eu a repreendi e a critiquei, isso a deixou chocada, ela ficou menos agressiva, mais sensível, suave, gentil e pediu desculpas, depois eu a notei afetada e com uma propensão a uma boa avaliação de mim justamente por causa disso, por confrontar, por ser um cara durão que se faz respeitar.

Você pode dizer as frases - Não me importo com o que você pensa de mim, ou - Não me importo com o que você pensa, ou, Não estou aqui para agradá-lo, digo o que penso.

Por fora, ela não gostará de você, mas por dentro você fará com que ela se sinta tocada, portanto, é uma questão de suavizar isso para realmente atraí-la.

Se o confronto tiver sido excessivo e ela estiver muito irritada, diga a ela que foi tudo uma brincadeira. Nesse caso, você terá sido um idiota que a desagradou demais e teve de recuar. Não se trata de a garota ficar totalmente na defensiva ou ofendida, trata-se de pequenos confrontos, pequenas coisas que, muitas vezes, se percebermos que a irritamos excessivamente, dizemos que são brincadeiras.

Não gosto muito de fazer isso, nem mesmo gosto de fazê-lo, mas como estou inovando, criando novos sistemas de sedução, tenho que lhe falar sobre isso porque realmente funciona. Não exagere confrontando-a, mas se você usar essa técnica, também não fique aquém, use o humor, tire o ferro de tudo o que disser depois, compreenda-a e seja muito gentil no final para compensar todo esse confronto.

O método EDP Dark tem a seguinte aparência:

Divertido.

Desinibido.

Despreocupado.

Confortável.

Estrela.

Confrontador.

Confortável novamente.

Tipo gentil, protetor e afetuoso.

Levará algum tempo para que ela seja seduzida, pois esse é um método um pouco mais longo, mas às vezes ela pode ser seduzida na primeira interação.

Como os métodos EDP e
EDP Dark são aplicados?

Esses métodos só funcionam se a garota puder ser vista em mais ocasiões, ou seja, se tivermos um número de telefone ou contato, ou se soubermos onde encontrá-la regularmente. Depois desse primeiro e impressionante contato, faremos com que toda a noite seja magnífica para ela e nos despediremos de maneira cavalheiresca e atenciosa para que ela se sinta bem, porque essas ações que a fazem se sentir mal devem ser feitas muito pouco tempo, pois são muito impressionantes, enquanto no resto do tempo seremos homens magníficos e agradáveis, atenciosos com ela e até mesmo um pouco cavalheirescos.

O ataque que fizemos a ela enfraqueceu suas defesas, fez com que ela se sentisse vulnerável, e essa vulnerabilidade foi criada pelo seu confronto. Depois, você foi ainda mais arrogante e se colocou em um patamar tão superior que ela se sentiu pouco, e então fizemos as pazes com nosso magnífico desempenho como cavalheiros simpáticos, confortáveis e gentis.

Nós nos despedimos dela sem nenhuma intenção de encerrar e **a** deixamos **esquecida**. Isso é importante, esperaremos que ela dê sinais de vida; se ela não fizer nada, deixaremos passar uma semana até nossa próxima interação. Isso mostrará que você está atento a outras coisas, que tem outras preocupações. E de fato terá, suas outras preocupações serão fazer o mesmo com tantas outras pessoas, que você também deixará esquecidas.

Você os deixa em paz e eles voltam para você. Elas voltam porque você se tornou uma espécie de estrela de nêutrons ou buraco negro que as atrai, irremediavelmente. Isso é diferente do que todo mundo faz e, se você tiver sido um pouco desagradável e depois muito agradável, terá feito bem o método EDP ou EDP dark e eles vão ligar para você e querer vê-lo.

Quando você as vir, poderá conversar com elas sobre outras garotas que você pegou ou sobre sua vida sem descanso, como se fossem suas amigas, sem se preocupar em seduzi-las, tudo isso as deixará em choque e chegará o dia em que você estará com elas como um bom amigo, mas, nesse caso, você não será o bom amigo que está abaixo delas, mas o bom amigo que está muito acima delas.

Você perceberá a proximidade dela, o olhar dela, os gestos de atração óbvia por você e, como temos sido maldosos, punitivos, arrogantes e orgulhosos, apesar de tentarmos ser humildes, agora seremos gentis e daremos a ela o que ela secretamente deseja e não ousa pedir. Naquele dia, daremos a ela o que ela precisa, daremos a nós mesmos, depois aplicaremos o B de bondade e beijaremos a garota. Ela ficará deslumbrada porque já sabe quem você é e é quase certo que naquela mesma noite você também dormirá com ela porque essa entrega que ela está fazendo agora será total.

E mais ou menos esses são os métodos EDP e EDP dark, agora vou me aprofundar um pouco mais, dando exemplos que explicam cada uma das ações corretamente para que você entenda bem e não tenha um desempenho ruim.

Na sua cabeça, você deve ter o estado de felicidade, estar sempre feliz, mesmo que você enfrente e saia como uma estrela, esteja preocupado com ela, preocupado com o bem-estar dela, em não magoá-la, porque no fundo você é bom e quer que essa garota não sofra, por isso não se oferece, por isso não vai até ela, por isso tenta mantê-la longe de você.

Acho que esses métodos têm um poder enorme e, se a garota for suficientemente atraída, você cria laços muito bons, porque você foi o protetor dela, você a advertiu e, mesmo assim, ela se entregou. Você vai ser muito gentil com ela. Ela é uma garota corajosa que, apesar de saber que você é um homem que faz o que faz, aprecia que você se comporte bem com ela e que não minta para ela.

No final, o amor pode até surgir porque essa garota que vai dar tanto de si pode amolecê-lo porque vê que você realmente é uma boa pessoa. Em seu discurso, você também deve enfatizar a ideia de que, no fundo, você está procurando o amor, mas que, para encontrá-lo, você deve maximizar o número de garotas que conhece para encontrá-lo mais rapidamente. No fundo, somos sensíveis e bons. Sc gostarmos muito dessa garota, diremos a ela que abrimos mão de toda a nossa dedicação por ela porque já encontramos a garota ideal e nos concentramos nela, porque ela é alguém especial. Portanto, com essas ações bastante problemáticas, o amor também pode surgir.

Você também deve dar credibilidade às suas declarações. Se você disser a ela que é um sedutor, que se dedica à sedução e ela o vir como carente, mole, inseguro ou pouco atraente, ela não acreditará em você.

É importante que você transmita bem as suas qualidades, para que ela não duvide de que você realmente é um Master Seduction. Portanto, para dar mais credibilidade à sua afirmação, ao fazer o curso Master Seduction, você receberá um diploma que o certifica como Master Seduction e poderá mostrá-lo a essa garota.

Isso parece um pouco louco, mas funciona. Não recomendo que você faça isso o tempo todo, é melhor usar o método JD, mas somente em alguns momentos em que você quiser experimentar, ser muito mais duro e seduzir de forma mais arriscada, você pode usar esse método. Se fizer isso corretamente, você terá muito mais sucesso do que com o método JD. Sem risco, sem ganho.

É importante não ficar o tempo todo se gabando de suas seduções e ser um idiota arrogante. Basta mencionar um pouco e não ficar orgulhoso ou se gabar o tempo todo. Você tem de aumentar muito o conforto, porque o ataque e a atração que você fez são muito mais fortes e, se você for longe demais, ela o rejeitará completamente e o chamará de babaca ou qualquer outra coisa. Você sabe que isso pode acontecer. Também pode acontecer o que eu lhe disse, ela se apaixonar e perder. O resultado dependerá de seu bom jogo, não do método em si, que é bastante confiável.

Certamente, não diga isso a uma feminista ou a alguém do gênero, mas também não tenha medo de usá-lo.

Você deve agir com humildade, com vontade de ajudar as meninas, com vontade de ser positivo para a sociedade, não se venda como um predador. Mostre-se como alguém que é especialista em amor, como se você fosse um faixa preta de karatê que tem uma escola de artes marciais ou que é mestre em uma arte marcial muito boa. Avise-as, mas não se gabe disso. Seja humilde e gentil com as moças. Você também pode variar um pouco esse confronto, dependendo da garota em questão. Se exagerar, será visto como malvado, mas se não exagerar, não causará o impacto emocional que as enfraquecerá.

O método EDP pode e deve ser regulado em sua intensidade. Não aplicaremos a estrela e o perigo em toda a sua crueza se a garota for muito medrosa. Porque ela pode ser má e medrosa. A estrela pode ser adaptada e, às vezes, essa estrela não tem nada a ver com sedução; faremos isso com garotas medrosas que sabemos que não suportariam tal exibição. Não se deve usar esse estrelato como sedutor, a não ser em casos muito especiais, em que seremos um investidor do mercado de ações, um especialista em criptomoedas, um empresário bem-sucedido ou qualquer coisa que seja difícil de provar, porque será uma mentira na maioria das vezes.

Também adaptaremos o perigo, mas ele nunca pode ser omitido; se for com garotas receosas, esse perigo será mínimo e faremos alusão ao fato de que, na época delas, flertávamos muito, ou que elas correm o risco de se apaixonar, como aconteceu com uma de nossas ex-namoradas.

O método EDP permite isso, diminuindo a intensidade, mas nunca eliminando a estrela, que será a estrela da sedução em 90% dos casos. A periculosidade sempre estará relacionada à sua capacidade de sedução; se removermos a estrela e a periculosidade, estaremos aplicando a luz JD.

Quanto mais malignos eles são, mais estrela e mais perigosos dizemos que somos, ou pelo menos já fomos, e mais perigo os alertamos.

Seja qual for o método que usamos, quando vemos algo de que não gostamos, nós o confrontamos. Fazemos Dark com esse método. Nunca negligencie a possibilidade de confronto. Quanto mais maldosos eles forem, mais você terá de confrontar. Eles mesmos pedem sua dose de trevas de acordo com a forma como nos tratam.

O método **EDP** é para ser avassalador, vamos correr riscos, vamos ser ousados, isso é muito válido para garotas más. Essas garotas que derrubamos de seu pedestal com nosso estrelato, fazemos bem a elas ao confrontá-las. Para as garotas boas, o JD é melhor.

Tente usá-lo com cargas altas, e às vezes até muito altas, de estrela da sedução e muito perigo. Você é bem-humorado, uma pessoa bem-humorada, às vezes fingida para reduzir sua arrogância, mas se tiver de confrontar, você confronta, até mesmo com veemência.

O confronto é uma ação obscura que já foi mencionada em outras palavras em Dark seduction. Esse confronto faz com que a dark seduction também seja útil no processo de flerte.

Osadia

A ousadia deve ser descartada desse método porque, se formos uma estrela, como vamos buscá-la sendo atrevidos? As estrelas, e ainda mais se forem morenas, têm uma autoestima muito alta e não tentam seduzir as mulheres com quem estão, mas sim atraí-las para si mesmas.

Se alguém usar o método EDP ou EDP escuro e também adicionar atrevimento a ele, estará fazendo uma coisa muito louca, sendo uma estrela e confrontando-a no caso escuro, o que é muito desconfortável, e depois sendo atrevido com ela.

Acho que isso seria um erro total, porque nós a ofendemos demais e, depois dessa ofensa, ela precisa de algum tempo para curar suas feridas e se sentir atraída por nós com nossa atitude carismática. Uma atitude que também seja confortável e até mesmo gentil com ela, depois de tais ações.

Se, além disso, formos atrevidos, acho que estaremos ofendendo demais e não conseguiremos seduzi-la de forma alguma, será uma inconsistência e um erro grave, portanto, não pense em acrescentar atrevimento a nenhum desses métodos. Pois eles já carregam os componentes da arrogância muito alto e não admitem mais ações arrogantes. Ambos funcionam indiretamente e em um período de tempo bastante longo.

O método de luz JD.

Esse método consiste em misturar o método jd com a gentileza do EDP e, assim, torná-lo mais suave ao adicionar o b de gentileza. É um método que só pode ser usado com garotas particularmente agradáveis. Garotas que trataremos de forma amorosa, doce, protetora e atenciosa. Seremos como seu irmão mais velho que não quer nada amoroso com elas. Esse método só pode ser aplicado indiretamente e nunca de forma direta e evidente.

No método jd light, estaremos:

Divertido.

Desinibido.

Despreocupado.

Coração bondoso

Cúmplices.

Atrevido. Não seremos, é um método de luz.

O método clássico de JD

Esse é o método clássico de todos os tempos, que não sofre nenhuma variação.

No método JD, seremos:

Divertido.

Desinibido.

Despreocupado.

Confortável

Cúmplices.

Sem vergonha

É também um método de luz

O método JD misto

O método JD pode ser aplicado no modo escuro ou no modo normal. Você também pode **misturar os dois** e usar a cumplicidade em alguns momentos e o confronto em outros, experimentar, usar armas claras e escuras também.

Acho que esse método é o melhor de todos.

Divertido.

Desinibido.

Despreocupado.

Confortável

Confrontador/cúmplice.

Confortável novamente.

Compartilhado, se necessário

Seja às vezes bom e às vezes ruim. Recompense e puna, domine a interação.

Se as coisas acontecem do jeito que gostamos, criamos cumplicidade; se as coisas acontecem do jeito que não gostamos, criamos confrontos. Vamos ser ótimos, vamos levar as coisas para onde queremos que elas vão.

Esse é o melhor método possível de sedução, é superimportante. Não explico nada aqui porque já foi explicado por todo mundo. Sempre use esse método.

O método JD dark.

Já temos o edp, o epd dark, o jd light, o jd, o jd mixed e agora o jd dark, em um total de 6 métodos de sedução.

O método JD pode ser usado no estilo direto ou indireto. Não sei por que estou me sentindo um pouco malandro e vou corrigir uma pequena falha que o método JD ainda tem.

No método JD, temos.

Divertido.

Desinibido.

Despreocupado.

Confortável.

Cúmplice.

Compartilhado, se necessário

É um método rápido que gera atração, boas vibrações, boa atmosfera, a garota gosta de você e você é alguém simpático, um pouco indiferente às vezes, mas simpático, porque sempre somos carismáticos. Mas e se removermos a cumplicidade, que é realmente uma suavidade, é realmente algo que fazemos para criar laços com ela, algo que revela nossas intenções de flertar com ela, e se, em vez de cumplicidade, usarmos o confronto, um confronto pequeno e moderado misturado com humor?

Acho que isso aprimora o método e faz com que sejamos vistos como mais malvados, mais arrogantes, mais despreocupados com o flerte e, por fim, mais atraentes.

Portanto, não vou repetir todo o método, mas simplesmente dizer que você pode usar o método JD em sua versão Dark aplicando o confronto, conforme expliquei acima.

Portanto, o método JD dark tem a seguinte aparência.

Divertido.

Desinibido.

Despreocupado.

Confortável.

Confrontador.

Confortável novamente.

Compartilhado, se necessário

Nessa ordem, seria bom. Não demore muito para aplicar o conforto ou muita arrogância a afastará demais e você não conseguirá criar o suficiente.

Uma vez confrontado, retire o calor de seu confronto e volte ao conforto.

Acho que o método JD nessa variante sombria é ainda mais poderoso, porque você tem o efeito debilitante que o confronto proporciona.

Use-o com mulheres arrogantes, mulheres que são um pouco confiantes demais, para diminuir sua alta autoestima.

Para mulheres mais gentis, o método JD de estilo normal é melhor.

Com essa variação, o método JD se junta à sedução sombria e se torna um método JD sombrio, mais malévolo, mas acho que com mais força.

Acho que esse método JD dark é o segundo melhor método de todos.

Na classificação de qual método é melhor, acho que é assim:

- Método JD misto, que explico da seguinte forma
- Método JD dark
- Método JD
- Método de luz JD
- Método EDP

- Método escuro EDP

Novos métodos.

Agora temos o método EDP, o método EDP escuro, o método jd e o método JD escuro c o método JD misto.

Em ambos os EDPs, após um período de tempo, é possível ser Descartado, se necessário.

Os métodos EDP são métodos mais lentos e os métodos JD são mais rápidos.

Sua experimentação deve ser assim:

- JD.
- JD misto.
- JD escuro.
- JD de Luz
- EDP.
- EDP escuro.

Erros na implementação de métodos EDP, EDP dark, JD dark e JD misto.

Confronto excessivo.

Se fizermos isso, a garota ficará ofendida e, mesmo que tentemos ser gentis, dizer que foi uma brincadeira, não conseguiremos tirar a pressão da garota e teremos estragado tudo com nosso confronto excessivo.

Confronto insuficiente.

Se a confrontarmos muito pouco e imediatamente dissermos que é uma piada ou uma coisa muito leve que dissermos, não a teremos realmente confrontado e isso mostrará que fazemos essa confrontação apenas para mexer com ela porque gostamos dela. Portanto, não estamos confrontando nada, não somos durões, e os métodos JD ou EDP em suas versões obscuras não funcionarão bem.

Status da estrela superposicionada.

Acredito que esse seja o erro mais comum que você cometerá: enfatizar demais a si mesmo. Você está enfatizando seu status de estrela por muito tempo e com muita insistência, vangloriando-se e sendo arrogante demais. Em resumo, você está sendo arrogante, o que não a atrairá de forma alguma, mas a repelirá muito. Portanto, tenha cuidado, você deve se posicionar como uma estrela, mas com humildade, como uma anedota, como algo que você tem, mas não quer ostentar.

Status de estrela subposicionado.

Se você realmente mencionar seu estrelato, mas não o vender bem como algo fantástico, ela pensará que é normal e você não desfrutará desse status de estrela. Você precisa vendê-lo, mas sem se gabar, ela precisa estar ciente do poder desse estrelato.

Bondade arrogante.

Tampouco podemos ser gentis e paternais com arrogância, mas com uma atitude de real afeto e consideração; não com arrogância, olhando para baixo. Já fizemos isso no confronto, mas em todo o resto temos de eliminar essas ações o máximo possível.

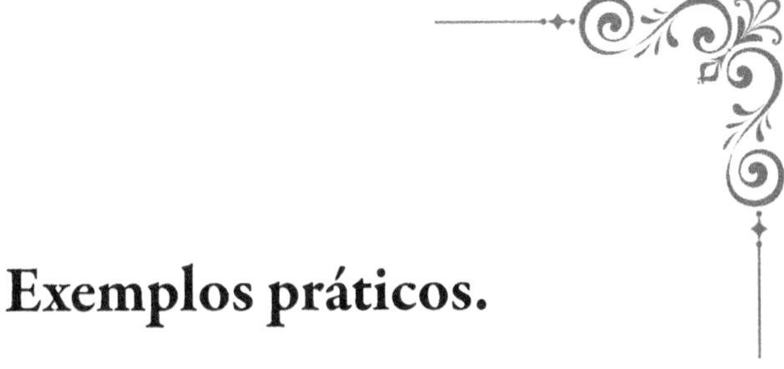

Exemplos práticos.

Darei alguns exemplos aqui que mostram que qualquer um desses métodos, em qualquer uma de suas versões, funciona.

Eu realmente acho que esse livro, o método EDP, é uma nova **bíblia da sedução** que deve ser lida, relida e assimilada perfeitamente, bem como colocada em prática.

Com esses cinco métodos de sedução, não há mulher que resista aos encantos do sexeducer.

Agora também filmei três cursos de sedução. Neles, eu falo para a câmera explicando cada um dos assuntos relacionados à sedução. Esses cursos em vídeo estão no hotmart e em todas as plataformas audiovisuais existentes.

No momento, os cursos são:

Master Seduction.

O encantador.

Maldito poder.

Haverá mais dois cursos em breve.

Vou contar a história de como apliquei isso.

Bem, certa vez fui a um lugar como treinador de sedução para um trabalho. Fiquei lá por vários dias e, à noite, interagia com as mulheres.

Quando me perguntavam o que eu fazia para viver, eu dizia sem hesitar: "Sou um treinador de sedução, sou um sedutor, vim aqui para trabalhar nisso.

Eu me apresentei como um astro da sedução e não demonstrei nenhum interesse em seduzir essas mulheres. Eu estava um pouco enojado com o que estava fazendo e a confrontei, fiquei na cara dela, disse a ela o que realmente pensava e não me importava se a pegaria ou não, fui até um pouco desagradável.

Então percebi que tinha ido longe demais e compensei com charme, apreciação e até mesmo um pouco de galanteria. Percebi que esse confronto teve um efeito, no dia seguinte ela estava me ligando querendo se encontrar, eu fui, mas não estava com vontade de sair com ela e, em vez de seduzi-la, fui para casa e a deixei esquecida, ela continuou ligando, mas finalmente não a considerei adequada e a deixei sem fechá-la, porque era assim que eu me sentia.

Com outras mulheres, assim que eu lhes dizia que era um treinador de sedução, seus olhos se arregalavam como pires e elas ficavam maravilhadas e entusiasmadas com isso. Com essa imagem de estrela da sedução, uma imagem que você também pode ter com o curso Master Seduction, as garotas flertavam comigo, se aproximavam de mim e algumas até me assediavam um pouco.

Eu disse à mais interessante que queria que ela fosse minha gerente e gerenciasse várias questões para mim lá. Eu disse a ela: "Eu sou a estrela, sua estrela, a gerente tem de cuidar **de todas as** necessidades de sua estrela".

Não sei se foi por causa do grande charme, ou por causa da posição de estrela na cabeça dela, mas o fato é que eles trabalharam maravilhosamente e essa garota, chamada por mim de "minha gerente", estava todos os dias sugerindo coisas para fazer, lugares para ir etc.

É claro que fiquei com minha gerente e as coisas estavam indo bem, mas aos poucos ela foi ficando cada vez mais distante e fria, chegando ao ponto de não querer nem me beijar. Isso me pareceu uma ofensa muito grave e eu a confrontei. Eu lhe disse que não queria mais vê-la, que ela não era mais minha gerente, que eu não me sentia valorizado e que não andava com mulheres que não me valorizavam.

Eu gostava de mim mesmo, era duro e a deixei, fiquei vários dias sozinho sem dar atenção a ela, dizendo não às suas propostas e não a vendo. Saí com a outra que também rejeitei porque não gostava dela.

Alguns dias depois desse confronto com o gerente, ela começou a se mostrar muito mais aberta, receptiva, carinhosa e dedicada. Voltei a conhecê-la e ela finalmente confessou que tinha um namorado e que era por isso que estava se comportando daquela maneira, mas que gostava de mim.

Então, comecei a ser mais gentil, a tratá-la melhor, a acompanhá-la mais e, pouco a pouco, ela se entregou à consumação total.

Assim, por ser uma estrela, ser honesta, dizer o que faz, confrontar o que não gosta e ser gentil, amorosa, simpática e protetora, eu conquistei aquele lugar e tive um tremendo triunfo que poderia ter sido muito maior se eu tivesse sido um pouco mais dedicada.

Conjunto interno para uso
com métodos EDP.

Bem, aqui vamos fazer a tela mental como de costume, vamos nos visualizar não como uma pessoa que seduz, mas como **a estrela da sedução**, o Mestre **da** Sedução que deixa as mulheres excitadas. Vamos nos ver dizendo a elas que somos sedutores, que somos um Mestre da Sedução, que somos graduados, que somos a estrela, que queremos que ela se divirta muito, que não vamos usar nossas artes de sedução com ela, que vamos ser gentis.

Você pode imaginá-la surpresa, fazendo a cara de uma garota chocada, positivamente impressionada com essa declaração.

Então você parece carismático, protetor, amoroso e atencioso, brincando com seu protegido.

Visualize tudo perfeitamente.

E agora, como novidade, depois de terminar a visualização, você vai escrever em um pedaço de papel como se sente, como viu essa garota, e você, escreva algumas frases sobre como se sente e o que viu em sua tela mental.

Então, todos os dias, você lerá essas frases, que lhe darão poder e farão com que você se sinta a estrela da sedução.

Mantenha esse documento à sua frente todas as noites e leia-o várias vezes antes de ir para a cama e ao se levantar. Leia-o todos os dias até realmente acreditar que você é a estrela da sedução.

Interações.

Para seduzir em grande número, você terá que ter muitas interações, o que é muito importante, portanto, saia de casa, vá a eventos, conferências, exposições, participe de atividades, entre em grupos de todos os tipos e maximize as novas pessoas com quem você conversa todos os dias.

Muitas possibilidades surgem de uma vida social intensa. Também é mais fácil e menos incômodo do que uma abordagem fria. Seja alguém com uma vida social intensa e você poderá fazer bom uso de todos esses métodos.

Vá em frente!

Fim.

Seduzir não é apenas conquistar a garota, é aproveitar o processo, é se sentir magnífico e especial, portanto, esses novos métodos EDP e JD o capacitam e fazem com que você se sinta em grandes momentos.

Se você as colocar em prática bem, terá muito sucesso, se fizer errado, será um desastre, depende de você, de que o que você diz seja coerente com o que você pensa, de que você tenha total confiança em si mesmo. Seja grande e brilhe, lembre-se de que você é a estrela da sedução.

MÉTODO JD LIGHT

Chicas buenas

MÉTODO JD

Chicas normales

MÉTODO JD MIXTO

Chicas un poco creidas

MÉTODO JD DARK

Chicas creidas

MÉTODO EDP

Chicas malas

MÉTODO EDP DARK

Chicas muy malas

DARK SEDUCCIÓN

Despues de seducir chicas muy malas

Isso tudo é um jogo, então....

Vamos jogar!

Did you love *O método EDP*? Then you should read *A Arte da Dureza*[1] by John Danen!

[2]

A arte da dureza é a arte de permanecer frio e duro ao flertar com uma garota e depois de flertar com ela. Com esta arte, você a fará apaixonar-se por você e não o contrário, você a atrairá e fascinará, não sofrerá mais por amor, será apreciada e desejada, será dura. Você será apreciado e desejado e será duro.

---

1. https://books2read.com/u/38VMQd

2. https://books2read.com/u/38VMQd

Also by John Danen

Seduction 5.0
S.A.X.
Chicas complicadas
Seducción 5.0
El libro del tonto
Macho Alpha
Macho alpha extracto
La seducción después de la pandemia
Terriblemente atractivo
Seducción 5.1
Sedução 5.1
How to be Cool and Attractive
Sedução. Avançada. X.
Garotas complicadas
¡Basta de ser buen chico! Sé un chico malo.
El método JD. El método de seducción de John Danen
El arte de agradarte a ti mismo
¡Basta ya de abusos! ¡Defiéndete!
Enought with the abuse! Defend yourself!
Máster en seducción
Las mujeres. El amor. Y el sexo.
Supera la dependencia emocional
Atrae mujeres con masculinidad
JD Absoluta seducción
El fracaso del amor

Entender a las mujeres
La vida del seductor sinvergüenza y encantador.
El arte de la dureza
Terrivelmente atraente
Deixe de ser um bom da fita! Seja um mauzão.
Superar a dependência emocional
A arte de se agradar
Pare o abuso! Defenda-se!
O fracasso do amor.
O método JD
Don´t Be a Good Boy! Be a Badass
Complicated girls
The Art of Pleasing Yourself
Duro y Sinvergüenza
Mestre en sedução
JD Method
The Failure of Love. The Trap of Serious Relationships
Master in Seduction
A. S. X. Advanced. Seduction. X
Women. Love. Sex
How to Become a Real Man. Be an Alpha Male
Attract Women with Masculinity
JD Absolut Seductión
Understanding Women
The Life of the Shameless and Charming Seducer.
The Art of Toughness
Tough and Shameless
Überwindung der Emotionalen Abhängigkeit
Maître en séduction
Schrecklich Attraktiv
Surmonter la Dépendance Émotionnelle
L'art de la dureté
Die Kunst der Zähigkeit

Hör auf, ein guter Junge zu sein, sei ein böser Junge

Assez D'être un Bon Garçon ! Sois un Mauvais Garçon.

Die Kunst, sich Selbst zu Gefallen

Dur et sans Vergogne

Hart im Nehmen und Schamlos

L'art de se Plaire à soi-Même

Das Scheitern der Liebe

L'échec de L'amour.

Meister der Verführung

Die JD-Methode

Maestro di Seduzione

Terriblement Attrayant

La Méthode JD

Capire le donne

Compreendendo as Mulheres

Comprendre les Femmes

Die Frauen Verstehen

Les Filles Compliquées

Komplizierte Mädchen

JD Séduction Absolue

La Vie du Séducteur Charmant et sans Vergogne

Les Femmes. L'amour. Et le Sexe.

Mâle Alpha

S.A.X.

V.F.X.

Donne. Amore. E il sesso.

Ragazze Complicate

Superare la Dipendenza Emotiva

Seduzione. Avanzata. X.

Dark Seducción

Il Fallimento Dell'amore.

Il Metodo JD

Alphamännchen

Atrair Mulheres com Masculinidade

Attirare le donne con la Mascolinità

Attirer les Femmes par la Masculinité

Mit Männlichkeit Frauen Anziehen

Frauen. Liebe. Und Sex.

L'arte di Piacere a se Stessi

Mulheres. Amor. E Sexo.

JD Seduzione Assoluta

JD Absolute Verführung

JD Sedução Absoluta

Das Leben des charmanten, schamlosen Verführers

Smettila di Fare il Bravo Ragazzo! Essere un Cattivo Ragazzo.

La Vita del Seduttore Affascinante e Spudorato

A Vida do Sedutor Encantador e sem Vergonha

Macho Alfa

Uomo Alfa

Séduction 5.0

Verführung 5.0

Seduzione 5.0

Duro e Senza Vergogna

Duro e Sem Vergonha

L'arte della Durezza

A Arte da Dureza

The Fool's Book

Das Buch der Dummköpfe

Il Libro dei Pazzi

O Livro do Tolo

Dark Seduction

Dunkle Verführung

Sedução Escura

Dark Seduction

Seduzione Oscura

Le livre du fou

Como materializar lo que deseas con el fxxxxxx power
Como materializar o que você quer com o Fxxxxxx Power
El ángel Sex-terminador
El seductor vampiro
O Vampiro Sedutor
Sex-Terminating Angel
The Vampire Seducer
How to Materialize What You Want With The Fxxxxxx Power
El camino del maestro
Il vampiro seduttore
O camiño do mestre
La via del maestro
Der verführerische Vampir
Le sedusant vampire
Der Weg des Meisters
La voie du maître de la séduction
Master's Path
Come materializzare ciò che si desidera con il Fxxxxxx Power
Wie Sie Ihre Wünsche verwirklichen können mit dem Fxxxxxx Power
El método EDP
O método EDP
The E.D.P. Method

About the Author

Español.

Soy un hombre vividor y divertido que busca el lado bueno de las cosas siempre.

Mi experiencia es el campo de las relaciones personales y de la seducción. Por eso tras dedicarme larguísimas décadas a ello, quiero trasmitir mis conocimientos. Para que las nuevas generaciones tengan unos conceptos que les den una ventaja competitiva sostenible y poderosa en el campo del amor.

Quiero ayudarte a a conseguir tus metas.

Portugués.

Sou um homem animado, e divertido, que sempre procura o lado bom das coisas.

Minha experiência está no campo das relações pessoais e da sedução. É por isso que, após décadas de dedicação a ela, quero transmitir meus conhecimentos.

Quero ajudá-los a alcançar seus objetivos.

Inglés

I am a lively and fun man, who always looks for the good side of things.

My experience is in the field of personal relationships and seduction. That is why, after decades of dedicating myself to it, I want to pass on my knowledge. So that the new generations have concepts that give them a sustainable and powerful competitive advantage in the field of love.

I want to help you achieve your goals

Français Je suis un homme vif et drôle qui cherche toujours le bon côté des choses.

Mon expérience se situe dans le domaine des relations personnelles et de la séduction. C'est pourquoi, après m'y être consacré pendant des décennies, je veux transmettre mes connaissances. Pour que les nouvelles générations disposent de concepts qui leur donnent un avantage concurrentiel durable et puissant dans le domaine de l'amour.

Je veux vous aider à atteindre vos objectifs.